Ann-Christin Graé, Anika John

Seneca´s Apocolocyntosis - Interpretation der Kapitel 8 und 9

GRIN Verlag

Bibliografische Information der Deutschen Nationalbibliothek:

Die Deutsche Bibliothek verzeichnet diese Publikation in der Deutschen National-bibliografie; detaillierte bibliografische Daten sind im Internet über http://dnb.d-nb.de/ abrufbar.

Dieses Werk sowie alle darin enthaltenen einzelnen Beiträge und Abbildungen sind urheberrechtlich geschützt. Jede Verwertung, die nicht ausdrücklich vom Urheberrechtsschutz zugelassen ist, bedarf der vorherigen Zustimmung des Verlages. Das gilt insbesondere für Vervielfältigungen, Bearbeitungen, Übersetzungen, Mikroverfilmungen, Auswertungen durch Datenbanken und für die Einspeicherung und Verarbeitung in elektronische Systeme. Alle Rechte, auch die des auszugsweisen Nachdrucks, der fotomechanischen Wiedergabe (einschließlich Mikrokopie) sowie der Auswertung durch Datenbanken oder ähnliche Einrichtungen, vorbehalten.

Impressum:

Copyright © 2010 GRIN Verlag, Open Publishing GmbH
Druck und Bindung: Books on Demand GmbH, Norderstedt Germany
ISBN: 978-3-640-80387-3

Dieses Buch bei GRIN:

http://www.grin.com/de/e-book/164362/seneca-s-apocolocyntosis-interpretation-der-kapitel-8-und-9

GRIN - Your knowledge has value

Der GRIN Verlag publiziert seit 1998 wissenschaftliche Arbeiten von Studenten, Hochschullehrern und anderen Akademikern als eBook und gedrucktes Buch. Die Verlagswebsite www.grin.com ist die ideale Plattform zur Veröffentlichung von Hausarbeiten, Abschlussarbeiten, wissenschaftlichen Aufsätzen, Dissertationen und Fachbüchern.

Besuchen Sie uns im Internet:

http://www.grin.com/

http://www.facebook.com/grincom

http://www.twitter.com/grin_com

Ausarbeitung

zum Referat „Senecas Apocolocyntosis – Interpretation der Kapitel 8 und 9"

vom 11.11.2010

vorgelegt von

Anika John und Ann-Christin Graé

Inhaltsverzeichnis

1

1 Kurze Zusammenfassung des vorangegangenen Handlungsverlaufs

Claudius befindet sich im Himmel, nachdem seine Seele endlich einen Öffnungsausgang fand und seine letzten Worte *uae me, puto, concacaui me* (Sen. apocol. 4,3) waren. Jupiter wird die Ankunft eines Fremden im Himmel gemeldet und dieser schickt Herkules, um diesen herausfinden zu lassen, welcher Menschenrasse der Unbekannte angehört. Er hält Herkules für besonders geeignet, da dieser durch die gesamte Welt gezogen war und nun sämtliche Völker kennt. Herkules gerät bei Claudius' Anblick aus der Fassung und *putauit sibi tertium decimum laborem uenisse* (Sen. apocol. 5,3). Er versucht die Herkunft des Fremden zu klären, doch Claudius' Antwort entfacht einen Streit mit *Febris*, welche seine Abstammung vom Geschlecht der Julier bestreitet und ihn als Lyoner ausweist. Daraufhin versucht Claudius diese abführen zu lassen, doch im Himmel hat er keine Befehlsgewalt mehr und Herkules weist ihn streng zurecht. Auch Claudius erkennt nun diesem Umstand und versucht, Herkules mit schmeichelnden Worten für sich zu gewinnen. Die folgende Sequenz ist leider verloren – Es kann jedoch davon ausgegangen werden, dass Claudius es vermutlich durch Bestechung schafft, Herkules als seinen Fürsprecher zu gewinnen und dieser ihm gewaltsamen Zutritt zur Götterversammlung verschafft. Hier kann er seinen Antrag auf Vergöttlichung stellen. Daraufhin wird wahrscheinlich eine turbulente Debatte unter den anwesenden Göttern entstanden sein. Das folgende Kapitel 8 setzt in dieser ein und ein Gott, vermutlich Apoll, spricht sich in diesem Moment vehement gegen eine Vergöttlichung aus.

2 Kurze Inhaltszusammenfassung der Kapitel 8 und 9

Im achten Kapitel fragt Apoll Herkules, was Claudius für ein Gott werden soll, wartet jedoch keine Antwort ab, sondern schließt sowohl eine epikureische als auch stoische Gottheit aus. Er behauptet, dass kein Gott seiner Apotheose zustimmen werde, nicht einmal Saturn, dessen Fest Claudius das gesamte Jahr gefeiert haben soll. Insbesondere auch Jupiter würde sich gegen eine Vergöttlichung einsetzen. Weiterhin spottet Apoll, dass Claudius es sich anmaße, ein Gott zu werden, und es ihm nicht reiche, bereits einen Tempel zu seiner Ehre in Britannien zu besitzen.

Im neunten Kapitel greift Jupiter in die Debatte ein und stellt die Senatsordnung wieder her, indem er den Privatmann Claudius für die Zeit der Verhandlungen und Abstimmungen des Gebäudes verweist. Im Anschluss spricht sich zunächst Ianus gegen eine Vergöttlichung des

Claudius, aber auch gegen eine Apotheose der gesamten Menschheit aus. Anschließend wird die Meinung des Gottes Diespiter eingeholt, der nach einem Zeichen Herkules' eine Fürsprache für Claudius' Apotheose hält. Weiterhin wird berichtet, dass die Meinungen geteilt waren (*uariae erant sententiae* – Sen. apocol. 9,6), sich jedoch eine Mehrheit für Claudius abzeichnete.

3 Interpretation

3.1 Ausführungen zur Textlücke

Mit den Worten *sed quoniam uolo* (Sen. apocol. 7,5) endet die Claudiusrede am Ende des siebten Kapitels. Der Text bricht an dieser Stelle in allen Handschriften abrupt ab und wird erst innerhalb einer Rede eines unbekannten Gottes zu Beginn des achten Kapitels fortgeführt. Stark anzunehmen ist es, dass mindestens eine Seite im Archetypus der Handschriften ausgefallen ist, wie EDEN ebenfalls vermutet: „At least one complete *folium* of a *codex* either the archetype or an ancestor of it, must have been lost."[1] Doch eine Rekonstruktion der fehlenden Textpassage inhaltlicher Art lässt sich aus den Kapiteln 8ff. mit Sicherheit erschließen. Diese Ausführungen zu der Textlücke divergieren je nach Kommentar, daher soll der einheitliche Konsens an dieser Stelle kurz wiedergegeben werden:

1. Claudius gewinnt Herkules für sich (vermutlich durch Bestechung).
2. Herkules verschafft Claudius gewaltsam Zugang (siehe Sen. apocol. 8,1) zur Götterversammlung.
3. Eine Debatte unter den anwesenden Göttern hat sich entfacht.
4. Ein unbekannter Gott (Apollo?) wendet sich in seiner Rede entrüstet an Herkules.

3.2 Kapitel 8

Zu Beginn von Kapitel 8 wird berichtet, dass Herkules Claudius gewaltsam Zugang zur Kurie verschafft hat. Den gerade sprechenden Gott wundert es nicht [Sen. apocol. 8,1: *non mirum (est)*], dass Herkules mit Gewalt in die Kurie eingedrungen ist. Hierdurch wird auf den Zugang zur Hölle angespielt, den er einst ebenfalls auf diese Weise geöffnet hat: Er zersplitterte die Tür zur Unterwelt. Der Gott verspottet im Folgenden Claudius, da er ihn für keine erdenkliche Götterart einsetzbar hält – weder für einen epikureischen noch für einen

---

[1] Eden (Hg.): Sen. apocol., S. 99.

stoischen. Nach der klassischen Gottesdefinition der Epikureer heißt es zum Beispiel bei Cicero (*De natura deorum* 1,45): „Denn dieselbe Natur, die uns eine Vorstellung von den Göttern selbst gab, hat unsere Gedanken auch eingeprägt, sie für ewig und glückselig zu halten. Wenn dies stimmt, so ist auch jener Grundsatz von Epikur richtig formuliert: Was glückselig und ewig ist, das hat selbst keinerlei Aufgabe zu erledigen und gibt sie auch keinem anderen." Claudius hingegen versucht, sich vehement Eingang in die Götterwelt zu verschaffen. Zudem übergibt er hierdurch Anderen Entscheidungsaufgaben und zeigt somit eine anti-epikureische Betriebsamkeit. Noch weniger könnte Claudius als stoische Gottheit identifizierbar gemacht werden, da sein Äußeres der stoischen Göttervorstellung widerspricht. Denn die Stoiker vertreten keine anthropomorphe Göttervorstellung, sondern glauben, dass eine Gottheit kugelförmige Gestalt annimmt, letztendlich im Universum aufgeht und folglich *sine capite, sine praeputio* (Sen. apocol. 8,1) ist. Die Verspottung des Gottes wird weitergeführt, indem der Nachsatz offenbart: *nec cor nec caput habet* (Sen. apocol. 8,1). Claudius wird abermals als dumm dargestellt, besonders wenn die Bedeutung des Zitats weitergehend hinterfragt wird: *Cor* bezieht sich auf den Sitz des Gemüts, der Einsicht sowie der Intelligenz, dazu bezieht sich *caput* auf die Vernunft und das Gedächtnis.[2]

Ein weiterer Angriff auf Claudius vollzieht sich in der nächsten Textpassage, in welcher er als Saturnalienkönig betitelt wird. Das Saturnalienfest fand alljährlich am 17. Dezember zu Ehren des Gottes Saturn statt und wurde über mehrere Tage zelebriert. Es war ein sehr ausgelassenes Fest und glich dem Karneval. Hierbei gab es einen *saturnalicius princeps*, der dem ausgelassenen und zügellosen Fest symbolisch vorstand. An dieser Stelle wird darauf angespielt, dass Claudius das gesamte Jahr über die Saturnalien feierte, da er stets ein üppiges Leben führte. Daneben überließ er seinen Sklaven und Freigelassenen in großen Teilen Entscheidungs- und Verwaltungsgewalt, wie es auch bei einem Ritus des Saturnalienfestes üblich war.[3] Es war Brauch, dass zu diesem Zeitpunkt die Sklaven einige Tage frei bekamen und die Rolle ihres Herrn einnahmen. Nicht einmal Saturn, für den er über das Maß hinaus feierte, würde sich für seine Apotheose aussprechen. Der Redner zieht auch Jupiter hinzu, dessen Gnade Claudius ebenfalls verweigert sein würde, weil er ihn durch den „Fall Silanus" indirekt angegriffen hat. Diesen ließ er zu Unrecht des Inzests beschuldigen und trieb ihn hierdurch in den Selbstmord. Man beachte an dieser Stelle, dass Jupiter selbst seine Schwester Juno geheiratet hat. Im weiteren Textverlauf führt sehr wahrscheinlich Herkules ein

---

[2] Vgl. Binder (Hg.): Sen. apocol., S. 140.
[3] Vgl. Bauer (Hg.): Sen. apocol., S. 56.

Argument für Claudius' Apotheose an: *quia Romae [...] mures molas lingunt* (Sen. apocol. 8,3). Der vollständige Sinn dieser Sentenz ist nicht überliefert, doch lässt sich hieraus vermuten, dass es in Rom ordentlich zuging. Zum einen war er viel als Richter tätig, um kriminelle Delikte in seinem Reich auszumerzen, zum anderen auch als Schlichter außenpolitischer Streitigkeiten. Denkt man Herkules als Sprechenden, der sich in simpler, unmissverständlicher Sprache auszudrücken pflegt, verweist er in dieser Formulierung darauf, dass unter Claudius' Regime sogar die Mäuse die Mühlsteine leckten, d.h. dass Ordnung und Sauberkeit bis ins letzte Detail gewahrt waren. STÄDELE hingegen legt diesen Satz nach BAUER gänzlich anders aus und behauptet, dass in Rom eine derartige Unordnung eingekehrt sei, dass die Mäuse sich bei ihrer Nahrungssuche sogar bis an die Mühlsteine heranwagten, Claudius folglich auf der Erde gescheitert sei und nun ein neues Arbeitsgebiet im Himmel suche.[4] Die Deutungsvariationen zu dieser Sentenz sind vielfältig und an dieser Stelle wurden zwei Optionen hierzu vorgestellt. Claudius' anmaßende Forderung nach Vergöttlichung wird in den folgenden Zeilen nochmals unterstrichen: Er weiß nicht einmal, *quid in cubiculo suo faciant* (Sen. apocol. 8,3) – angespielt wird hier auf das unzüchtige Treiben seiner dritten Frau Messalina – und durchstöbert bereits den Himmel. Irdische Errungenschaften, wie ein *templum in Britannia* (Sen. apocol. 8,3) seien ihm nicht genug, spottet der gerade Sprechende. Dies könnte ihm ausreichen, doch *deus fieri vult* (Sen. apocol. 8,3).

Wenn das Kapitel 8 zusammenfassend betrachtet wird, ist es ebenfalls eine starke Verspottung des Claudius und eine Auflistung seiner Laster und Schwächen. In diesem Kapitel scheint seine Forderung nach Vergöttlichung gar lächerlich und anmaßend.

3.3 Kapitel 9

Im neunten Kapitel meldet sich Jupiter als Vorsitzender des olympischen Senats zu Wort, um darauf aufmerksam zu machen, die *disciplinam curiae* (Sen. apocol. 9,1) zu wahren. Hierfür gehörte es sich, in der Gegenwart von normalen Bürgern im Senat weder zu „voten" noch zu debattieren. Nicht-Mitgliedern war lediglich nur der Zugang zum *vestibulum curiae* (Vorhalle der Kurie) gestattet.[5] Demnach musste Claudius aus der Senatsversammlung weichen. Zudem bezieht sich der Aufruf nach Ordnung auf das Verhalten des zuvor sprechenden Gottes, der bereits vehement seine Meinung äußert und so die Geschäftsordnung des Senats durcheinander bringt.

---

[4] Vgl. ebd., S. 57.
[5] Vgl. Binder (Hg.): Sen. apocol., S. 144.

Semantisch betrachtet ist an dieser Stelle der Ausdruck *mera mapalia* (Sen. apocol. 9,1) kurz zu erläutern. Bezeichnet er im engsten Wortsinn korbähnliche sowie transportable Nomadenhütten, meint er in diesem Zusammenhang ein „reines Affentheater". BINDER erklärt, dass „in Rom [...] das Wort [*mapalia*] in abwertendem Sinn auf Situationen und Personen übertragen"[6] wurde.

Im zweiten Paragraphen kommt *pater Ianus* (Sen. apocol. 9,2) in das Geschehen, indem er um seine Meinungsäußerung gebeten wird. Er tritt als Nachmittagskonsul auf, der für den 1. Juli designiert worden ist. Mit seiner Bezeichnung als *postmeridianus consul* (Sen. apocol. 9,2) wird der Ernst der Situation satirisch aufgehoben. Denn lediglich ein Nachmittagskonsul wird bei der Verhandlung des Claudius wichtig. Ferner ist fraglich, ob dieser als Konsul für den Nachmittag des 1. Julis allein oder für die Nachmittage der gesamten Amtszeit vorgesehen war.[7] Hierzu kommentiert allerdings SCHÖNBERGER eindeutig: „Ianus ist nur einen Nachmittag lang Consul, wie Caesar einen Consul für einen Nachmittag eingesetzt hatte (Sueton, Caesar, 76,6)"[8].

Betrachten wir nun die Bedeutung des Gottes Ianus an sich, stellen wir fest, dass er als altrömische Gottheit für den „Durchgang" steht. Hinter dem Begriff *ianus* verbirgt sich das „Tor" oder „der gedeckte Gang". An den Monatsanfängen, den sogenannten *Kalendae*, pflegte man ihm zu opfern und „im späteren römischen 12-Monats-Jahr trägt der erste Monat seinen Namen"[9].

Ein Grund für die Anführung des Ianus' als ersten, der seine Meinung Kund geben darf, könnte sich somit aus seiner Funktion als Gott des „Anfangs" bzw. im weiteren Sinne des „Eingangs" ergeben.[10] Hinzu kommt die Tatsache, dass nach der Ordnung des Senats die designierten Konsuln bei der Abgabe der Stimmen bzw. bei der Kundgebung ihrer Ansicht den Anfang machten.[11] Insofern finden Ianus sowie später auch Diespiter als designierte Konsuln an dieser Stelle ihre Berechtigung. Wichtig ist an dieser Stelle noch zu berücksichtigen, in welcher Hinsicht Ianus in Bezug auf Claudius fungiert. Hier lässt sich mutmaßen, dass jener als eine Persönlichkeit, die den „Durchgang" bzw. den „Anfang" vertritt, entsprechend den Weg zur Vergöttlichung ebnen könnte oder nicht.

---

[6] Ebd.
[7] Vgl. ebd., S. 145.
[8] Schönberger (Hg.): Sen. apocol., S. 75.
[9] Ebd., S. 144.
[10] Bauer (Hg.): Sen. apocol., S. 58.
[11] Vgl. Binder (Hg.): Sen. apocol., S. 144f. u. Schönberger (Hg.): Sen. apocol., S. 75.

Als weitere Information wird preisgegeben, dass Ianus eine Person sei, die immer ἅμα πρόσσω καὶ ὀπίσσω (Sen. apocol. 9,2) schaut. Das griechische Zitat stammt aus Homer und bezieht sich in unserem Text auf die Doppelsichtigkeit des Ianus. Er wird oft mit zwei Gesichtern dargestellt, so dass er zugleich nach hinten als auch nach vorne sehen kann. Ferner beschreibt Seneca diesen Gott als *disert[us]* (Sen. apocol. 9,2) und hebt damit seine Beredsamkeit hervor. Diese rühre von seinem Leben auf dem Forum her (*quod in foro uivebat*, Sen. apocol. 9,2), was darauf anspielt, dass auf dem *Forum Romanum* sowohl der Ianusbogen als auch der Haupttempel des Ianus seinen Standort hatte. Daher schreibt man ihm gewissermaßen ein Leben auf dem Forum zu. Auf Grund dieses Standorts folgert Seneca schließlich, dass er viel von der Redekunst und den Taktiken der Redner erlernt und sich angeeignet habe, so dass er sich rhetorisch durchaus geübt gibt und den großen Redner spielt (*multa diserte (...) dixit*, Sen. apocol. 9,2).

Darüber hinaus zeigt Seneca an dieser Stelle wieder sein scheinbares Historikerimage, indem er bekräftigt, dass alles das, was Ianus in seiner Rede von sich gab, *quae notarius persequi non potuit et ideo non refero* (Sen. apocol. 9,2). So waren nämlich Geschichtsschreiber keinesfalls dazu verpflichtet, Reden in den Senatsprotokollen wörtlich wiederzugeben. So lässt uns diese Textstelle einerseits unseren Autor für den Moment als Historiker identifizieren und andererseits bezeugt sie, was für ein Vielredner mit ungehemmtem Redefluss Ianus war.[12]

Dieser behauptet nun, dass die Apotheose zu einer *fabam mimum* (Sen. apocol. 9,3) geworden sei. Ein *mimus* bezeichnet ein Schauspiel bzw. eine Posse, die „in Handlung und Sprache witzig und derb, oft obszön"[13] war. Über eine „Bohnenposse" ist heute nichts Genaueres bekannt. Doch man kann vermuten, dass bei diesem Ausdruck auf die Winzigkeit der Bohne angespielt wird, die im Zusammenhang mit der Posse vom Volke zum Ausdrücken einer bedeutungslosen und lächerlichen Angelegenheit benutzt wurde.[14] Demnach steht dieser Begriff auf einer ähnlichen semantischen Ebene wie das zuvor angesprochene *mapalia*.

Weiterhin ist zu betonen, dass Ianus vor seiner Antragsstellung unterstreicht, dass er sachbezogen und nicht personenbezogen urteilt (*ne uidear in personam, non in rem dicere*

---

[12] Vgl. Binder (Hg.): Sen. apocol., S. 145 u. Schönberger (Hg.): Sen. apocol., S. 75.
[13] Binder (Hg.): Sen. apocol., S. 146.
[14] Vgl. Schönberger (Hg.): Sen. apocol., S. 76.

sententiam, Sen. apocol. 9,3). Infolgedessen plädiere er für die generelle Abschaffung der Apotheose und nicht allein für die Ablehnung dieser in Bezug auf Claudius.

Die folgenden griechischen Zitate stammen von Homer und stellen Umschreibungen für die „Sterblichen" dar. Daraufhin fordert Ianus, dass, wer gegen das Vergöttlichungsverbot verstoße, den *laruis* (Sen. apocol. 9,3) vorgeworfen werden solle. Die *laruae* stellen die Furien des römischen Götterglaubens dar und sind mit „böse[n] Geister[n] der Unterwelt, Totengeister[n], Schreckgespenster[n] [gleichzusetzen], die Lebende und Verstorbene peinigen"[15]. Darüber hinaus verhängt er als weiterer Teil der Strafe, dass man sich von verpflichteten Gladiatoren *ferulis uapulare* (Sen. apocol. 9,3) lassen sollte. Hieraus wird ersichtlich, dass eine ebenfalls harte und gefürchtete Strafe die Auspeitschung durch neu rekrutierte Gladiatoren darstellte. Obwohl Ianus nun angab, nicht *in personam* (Sen. apocol. 9,3) zu sprechen, kann seine angebliche Sachlichkeit beim gestellten Antrag doch angezweifelt werden. So geht aus seiner Bestrafung, die wohlgemerkt mit zwei Peinigungen ausgefüllt wird, eine offensichtliche, vielleicht doch absichtlich in Bezug auf Claudius gewählte Härte, hervor. So stellt auch BAUER fest: „Mit größerem Nachdruck hätte der als besonnen geltende Ianus somit die Aufnahme des Claudius kaum ablehnen können"[16].

Nachdem Ianus Claudius' Antrag abgelehnt hat, spricht im folgenden Abschnitt der Gott Diespiter als Befürworter des Gesuchs. Dieser äußert sich jedoch nicht freiwillig zu dem Anliegen Claudius', sondern Herkules *auriculam illi tetigit* (Sen. apocol. 8,3), d.h. er erinnert ihn (zum Beispiel an seine Zusage) durch das Zupfen am Ohr, welches als Sitz des Gedächtnisses gilt. Durch diese Handlung kann davon ausgegangen werden, dass Diespiter von Herkules zuvor bestochen worden ist. Herkules kann Diespiter für seine Interessen gewinnen, da dieser auch vorher nicht immer ganz legalen Tätigkeiten nachgegangen war, wie zum Beispiel dem Verkauf von römischen Bürgerrechten, die ihm ein lukratives Geschäft sicherten. Diespiter wird an dieser Stelle als Zeuge angeführt, weil er aufgrund seiner Bestechlichkeit mit den korrupten Freigelassenen des Claudius' gleichgesetzt werden kann. Zudem bildet der Gott eine Parallele zu Claudius, da dieser ebenfalls Bürgerrechte in hohem Maße verlieh. Diespiters Argumentationsgang für eine Vergöttlichung Claudius' ist dreigeteilt: Zuerst führt er dessen Verwandtschaftsverhältnis zu Augustus und Livia an, dann fügt er hinzu, dass *omnes mortales sapientia antecellat* (Sen. apocol. 9,5), welches vermutlich aus Claudius' *laudatio funebris* aufgegriffen worden ist und zuletzt wird seine Fähigkeit

---

[15] Binder (Hg.): Sen. apocol., S. 147.
[16] Bauer (Hg.): Sen. apocol., S. 59.

genannt, Romulus Gesellschaft leisten zu können. [17] Letzterer Punkt muss sarkastisch aufgefasst werden, indem er in Verbindung mit der altrömisch-biederen Lebensweise eines Romulus gebracht wird.[18] Auch der Verweis auf seine übermäßige *sapientia* ist lediglich ein Scheinargument, weil es zum Tonus der *laudatio funebris* gehört, einen Verstorbenen in überaus positiven Zügen zu zeichnen.

Im letzten Abschnitt des neunten Kapitels versucht Herkules noch einmal mit allen Mitteln Zeugen für sich zu gewinnen, läuft von dem Einen zum Anderen und schließt mit dem allseits bekannten Sprichwort *manus manum lauat* (Sen. apocol. 9,6).

---

[17] Vgl. Lund (Hg.): Sen. apocol., S. 99.
[18] Vgl. Bauer (Hg.): Sen. apocol., S. 60.

9

Literaturverzeichnis

Seneca, L.A.: Apocolocyntosis, ed. by P.T. Eden, Cambridge 2002 ([1]1984).

Ders.: Apocolocyntosis divi Claudii, ed., eingef. u. komment. von O. Schönberger, Würzburg 1990.

Ders.: Apocolocyntosis, hrsg. u. übers. von G. Binder, Darmstadt 1999.

Ders.: Apocolocyntosis, übers. u. hrsg. von A. Bauer, Stuttgart 2005.

Ders.: Apocolocyntosis divi Claudii, hrsg., übers. u. komment. von A.A. Lund, Heidelberg 1994.